NOTICE

SUR

M. BOINVILLIERS

ANCIEN BATONNIER DE L'ORDRE DES AVOCATS

A LA COUR D'APPEL DE PARIS

LUE

PAR M. ROUSSE

ANCIEN BATONNIER

Membre de l'Académie française

A la séance annuelle de l'Association amicale des Anciens
Secrétaires de la Conférence des Avocats

PARIS

ALCAN-LÉVY, IMPRIMEUR DE L'ORDRE DES AVOCATS

24, rue Chauchat, 24

1888

NOTICE

SUR

M. BOINVILLIERS

ANCIEN BATONNIER DE L'ORDRE DES AVOCATS

A LA COUR D'APPEL DE PARIS

NOTICE

SUR

M. BOINVILLIERS

ANCIEN BATONNIER DE L'ORDRE DES AVOCATS

A LA COUR D'APPEL DE PARIS

LUE

PAR M. ROUSSE

ANCIEN BATONNIER

Membre de l'Académie française

*A la séance annuelle de l'Association amicale des Anciens
Secrétaires de la Conférence des Avocats*

PARIS

ALCAN-LÉVY, IMPRIMEUR DE L'ORDRE DES AVOCATS

24, rue Chauchat, 24

—

1888

BOINVILLIERS

—

Boinvilliers..! Combien sommes-nous encore, au Palais, qui l'ayons connu, même dans sa vieillesse? Songez donc ! il est né dans l'autre siècle, en 1799, sous le consulat de Napoléon Bonaparte, quelques semaines après le retour d'Egypte, quinze jours avant le 18 brumaire, et six mois avant Marengo ! Il a vu l'empire et l'empereur tout entiers, les Cent Jours, le Champ-de-Mai, — et le lendemain de Waterloo ! — En 1823, il plaidait dans le procès des sergents de la Rochelle. En 1830, il chevauchait dans l'état-major du général Lafayette. Candidat à la députation en 1832, bâtonnier en 1848, conseiller d'Etat en 1852, sénateur dix ans après, il est mort fidèle au second Empire sous la troisième République ; — et c'est près d'un siècle après sa naissance que je cherche dans les souvenirs de cette longue et belle vie quelques traits qui puissent en prolonger parmi nous la mémoire (1).

---

(1) Ernest-Eloi Boinvilliers, né à Beauvais le 23 novembre 1799, mort au château de Beauval, près la Motte-Beuvron, le 12 mars 1886.

M. Boinvilliers est né à Beauvais : mais il n'était pas Picard pour cela ; tout au plus un Picard d'occasion et de passage. Sa famille était de Versailles, où son père, avant 1789, avait débuté dans la carrière de l'enseignement.

En supprimant du même coup les ordres religieux et l'ancienne Université de France, la Révolution avait mis d'accord ces antiques ennemis et avait fait taire, pour un temps, leurs querelles séculaires. Sur les ruines illustres de la Sorbonne, de Port-Royal, de l'Oratoire et des Jésuites, la Convention avait créé partout des écoles centrales pour l'enseignement des lettres et des sciences. En 1799, M. Boinvilliers, le père, était professeur de « belles-lettres », comme on disait alors, à l'école centrale de Beauvais.

Bientôt après, quand les écoles centrales devinrent des collèges et des lycées, il fut nommé censeur du lycée de Rouen ; plus tard, inspecteur de l'académie de Douai ; et enfin, en 1800, membre de la troisième classe de l'Institut (1).

C'était un écrivain laborieux, un humaniste savant, et, au sens le plus honorable du mot, un infatigable compilateur. Mais avant de se fixer dans les régions tempérées de l'orthographe et de la grammaire, cet esprit actif avait entrevu d'autres horizons et tenté de plus hasardeuses aventures. Outre un « Manuel du républicain » et un « Code politique », où le jeune professeur se montrait le disciple enthousiaste et un peu bouffi de Jean-Jacques-Rousseau, il composa, au plus fort de la Révolution, deux pièces de théâtre, une comédie, « le Marquis », et un drame, « la fuite de

---

(1) Jean-Etienne Boinvilliers, né à Versailles le 3 juillet 1764, mort le 1er mai 1830.

Condorcet », qui furent représentés, dit-on, mais dont les titres seuls sont restés dans la mémoire de ses descendants.

Après ces courtes envolées, sa muse pédestre avait replié ses ailes et l'avait déposé doucement à terre, un peu contusionné toutefois et tout étourdi de cette équipée révolutionnaire, qu'il se promit de ne recommencer jamais.

On était aux premières années de ce siècle qui va finir. Il y avait alors, au fond du quartier Latin, une grande librairie classique dont la renommée a devancé celle des Belin, des Delagrave et des Hachette, qu'elle partage encore aujourd'hui. M. Boinvilliers fut assez heureux pour trouver chez MM. Delalain une enviable hospitalité. Sous ce patronage puissant, il se mit résolument au travail, et, en quelques années, il devint un des savants ordinaires de la maison, un des ouvriers les plus utiles et les plus féconds de cette usine respectable. Grammaires, lexiques, prosodies, abrégés, manuels, anthologies latine et française, dans un espace de vingt ans il a publié plus de cent volumes, grands et petits, dont les titres seuls font frémir : « Scribendi argumenta gallica ad usum quintanorum ; Apollineum opus in gratiam professorum ; Apollinei operis carmina ; Calendrier des enfants ou les Etrennes d'Esope ; Cacographie, ou Recueil de phrases dans lesquelles on a violé *à dessein* l'orthographe des participes ; Dictionnaire de tous les mots contenus dans Cornelius Nepos !... »

J'ai sous les yeux quelques-uns de ces livres redoutables. où, quand j'étais écolier, nos maîtres prenaient les devoirs de la semaine et les pensums des jours de sortie. Encore aujourd'hui, je ne peux m'empêcher de considérer avec respect leur frontispice égendaire, où la grande et honnête signature d'*Auguste Delalain* s'enroule dans un paraphe compliqué, — que précède un avis aux contrefacteurs.

Sous la direction d'un tel père, et à une telle école, le jeune Boinvilliers ne pouvait manquer de faire de bonnes études.

Je ne sais pas s'il apprit par cœur tous les mots contenus dans *Cornelius Nepos;* et si, à la veille du jour de l'An, *les Etrennes d'Esope* lui paraissaient la plus désirable des surprises.... mais il fut, comme on peut le croire, très fortement frotté de grec et de latin ; et, quant au français, il en savait, en sortant de ses classes, beaucoup plus qu'il n'en faut aujourd'hui pour parler sans embarras la langue de la politique et du barreau.

La politique et le barreau ! C'est de ce côté que se tourna, de très bonne heure, son ambition juvénile; à vingt et un ans il débuta devant le tribunal de Versailles, et, en 1822, il se faisait inscrire au stage du barreau de Paris.

Alors grandissait dans la nation tout entière, mais surtout dans la bourgeoisie, ce soulèvement contagieux des esprits, ce tumulte d'écrits et de discours qui, à travers les malentendus les plus fâcheux et les plus étranges équivoques, devait aboutir à la Révolution de 1830.

La République n'était pas assez loin dans le passé pour que les espérances trompées et les feux mal éteints de la Liberté ne pussent se rallumer à la première étincelle. L'Empire venait de disparaître, laissant dans tous les yeux l'image de ses grandeurs, l'éblouissement de ses victoires, et le spectacle tragique de sa chute. De ces temps héroïques qui s'achevaient à peine, un peuple orgueilleux et mobile sem-

blait avoir oublié les misères. Dans les imaginations
ébranlées par tant de secousses, il s'était fait un grand
vide où avaient disparu les échafauds de la Terreur,
les hécatombes des grandes guerres, les chevauchées
des deux invasions. Et au-dessus de cette trouée si-
lencieuse, il ne restait qu'une idole, un idéal populaire de gloire et de patrie, où se mêlaient, dans une
vision confuse, les images vengeresses de la République et de l'empereur.

La République et l'empereur ; la servitude et la liberté unies ensemble dans une fabuleuse légende,
telle est la chimère, tel est le *monstre politique* qu'il
faut avoir sans cesse devant les yeux, quand on veut
juger beaucoup d'hommes de ce temps-là — et même
certains hommes d'aujourd'hui. Qu'on relise les discours de Manuel ou les chansons de Béranger, partout l'impression est la même. C'est cette empreinte
que reçut la jeunesse de Boinvilliers. Il devait la gar-
der toute sa vie. Il avait à peine vingt ans, qu'il était
déjà mêlé à toutes les agitations des partis.

C'est par des violences, par des trahisons, par des
complots sans grandeur suivis de châtiments sans
pitié, qu'aussitôt après la chute de l'Empire commen-
ça ce dangereux mouvement. Il était propagé dans la
bourgeoisie et dans l'armée par des agents redoutables ; les sociétés secrètes, la charbonnerie, les *ven-
tes* récemment importées d'Allemagne et d'Italie ; les
loges maçonniques enfin, qui depuis longtemps ne
paraissaient plus être que des antiquités ridicules,
mais dont le terrible réveil aurait pu faire prévoir
l'étrange fortune et la future toute-puissance.

L'affaire des quatre sergents de La Rochelle fut
le dernier et le plus tragique épisode de ces drames lu-
gubres. Porté devant la cour d'assises de la Seine au

mois d'août 1822, au moment où le génér.il Berion allait être décapité à Poitiers, et le colonel Caron fu-
sillé à Strasbourg, tandis qu'une procédure formida-
ble, menée par le procureur général Mangin, enve-
loppait Lafayette, le général Foy, Manuel Lafitte et
Benjamin Constant dans une redoutable complicité,
ce procès mit le comble à l'irritation des esprits.

Goubin, Raoux, Pommier et Bories, le plus vieux
de ces conspirateurs avait 27 ans. Leurs nombreux
complices étaient, presque tous, plus jeunes encore.

L'avocat général de Marchangy soutenait l'accusation... Marchangy, l'auteur bizarre et chansonné de
la Gaule poétique. Mais dans cette occasion, comme
dans d'autres, on vit que le même homme peut être à
la fois un orateur éloquent et un écrivain ridicule.
Marchangy, le Gaulois, ne fit rire personne... (1).

Si l'on veut voir un monument imposant des pas-
sions politiques de cette époque, il faut lire ce réqui-
sitoire implacable, œuvre d'un esprit étroit et robuste
que rien n'arrête dans sa marche, que rien ne dé-
tourne de son but. L'histoire des sociétés secrètes y
est tracée de main de maître ; et — s'ils ne savaient
pas tout par eux- mêmes, — nos politiques d'aujourd'hui pourraient y trouver d'utiles leçons. Ces
affiliations invisibles et ces menées souterraines
qui couvrent toute l'Europe, se trouvent dévoilées
avec une méthode merveilleuse dans cette vaste ha-
rangue, où la passion ne fait que prêter à la logi-
que un accent plus impérieux et plus convaincu.
C'est à peine si, dans ce sombre discours, on sent

____

(1) Voir les chansons de Béranger.

passer, par instants, quelques lueurs de pitié pour la jeunesse et le courage des coupables. Le châtiment terrible qui les attend n'est, pour l'orateur, qu'une expiation nécessaire ; un exemple mémorable que commandent le bien de l'Etat et le salut de la monarchie.

Au banc de la défense, on voyait des avocats déjà fameux, d'autres qui l'allaient bientôt devenir. Ils auraient eu mauvaise grâce à décliner ce devoir. Tous, ou presque tous, étaient affiliés aux sociétés secrètes dans lesquelles leurs clients étaient enrôlés. Quelques-uns d'entre eux étaient des dignitaires de la charbonnerie, des membres de la haute-vente qui tenait les fils de tous ces complots.

Malgré les louanges suspectes qui leur ont été jadis prodiguées, il est permis de penser que cette situation équivoque avait gêné leur éloquence. En relisant leurs plaidoieries, je ne trouve ni dans les lourdes déclamations de Barthe, ni dans l'argumentation sèche et terne de Merilhou, ni dans les minces élégances de Berville, l'émotion et le mouvement qui, à travers le temps, fait revivre, souvent de bien plus loin, certains orateurs et certains discours.

Boinvilliers et Chaix d'Est-Ange étaient les plus jeunes des défenseurs ; et, comme leurs clients, presque des enfants. Ils défendaient, l'un un soldat, l'autre un sergent, accusés (dans ce temps là c'était un délit) de n'avoir pas révélé le complot dont ils avaient reçu la confidence. Le soldat s'appelait Bicheron, le sergent s'appelait Cochet.

. Cochet n'avait pas l'âme romaine, et, dans cette dangereuse aventure, il n'avait pas joué le rôle d'un héros. Embauché par surprise, à la première alerte le pauvre garçon avait lâché pied. Pris de peur, il n'avait su ni parler à temps ni se taire à propos ; et, comme il advient souvent, en politique, à de plus habiles que lui, des deux côtés à la fois on le considérait comme un traître.

Boinvilliers présenta sa défense. Je n'en ai pu retrouver aucune trace ; mais, soit qu'il eût été choisi par l'accusé, soit qu'il eût été désigné d'office, c'était pour un si jeune homme un grand honneur de tenir sa place dans ce mémorable procès, à côté des avocats les plus renommés, et d'avoir été jugé digne de cet illustre voisinage.

Quant à Chaix d'Est-Ange, il anima ces mornes audiences par un enfantillage audacieux qui fit passer dans cette tragédie un éclair de gaieté cruelle. Il avait alors vingt-deux ans. « Lui aussi, il était membre » d'une société secrète. Lui aussi, il était franc- » maçon !... » il le disait, du moins... Et tirant tout à coup de sa grande robe noire un petit poignard, il se mit, en plaidant, à le brandir avec une véhémence comique devant les jurés stupéfaits, se moquant ainsi à la fois, et des rites innocents de ces mystérieuses pagodes, et de la naïveté du pouvoir qui, disait-il, se laissait effrayer par de si risibles épouvantails.

Presque seul, entre les violences pompeuses de l'accusation et les ardeurs embarrassées de la défense, un homme reste, à mes yeux, dans cette affaire, le représentant véritable de la raison, de la justice et de l'humanité, Le président de Monmerqué était un magistrat jeune encore ; de vieille souche parlementaire ; royaliste loyal et sage ; lettré délicat et sagace.

Il dirigea ces formidables débats avec une gravité, une prudence, une droiture d'esprit et de cœur singulières ; trouvant à chaque incident le mot juste et prompt qui coupait court aux violences inutiles ; arrêtant avec fermeté les prétentions hautaines de l'accusation et les bravades théâtrales de la défense ; confisquant avec une bonhomie paternelle le petit couteau du jeune Chaix d'Est-Ange ; laissant voir sans affectation et sans faiblesse la compassion profonde que lui inspiraient les accusés ; montrant enfin, dans une occasion si difficile, la parfaite image d'un honnête homme, d'un bon citoyen et d'un vrai magistrat.

Je ne sais pas si, en allant à l'audience, Boinvilliers avait mis, lui aussi, son poignard dans son dossier. Dans tous les cas, il eut le bon goût de l'y laisser et de n'en rien dire. Mais il n'est guère permis de douter que, dès cette époque, le jeune avocat ne fût engagé dans des liaisons politiques assez hasardeuses. A vingt-cinq ans, ce n'est pas un crime sans excuse ; et de plus aventureux sont revenus de plus loin. La Société « Aide-toi, le ciel t'aidera », dont il était un membre très actif, n'était pas, après tout, une société secrète ; elle guerroyait au grand jour, dans la presse, à la tribune des deux Chambres, à la barre des tribunaux. Les malentendus les plus singuliers y rapprochaient des hommes qu'allaient séparer bientôt les plus implacables dissentiments ; et, à la distance où nous sommes, il est difficile de distinguer nettement les secrètes visées de chacun, dans une association politique qui comptait parmi ses chefs Jules Bastide, Godefroy Cavaignac... et M. Guizot.

Dans cette phalange de toutes armes, Boinvilliers escarmouchait aux avant-postes, plaidant et bataillant contre les « gens du roi », pendant que d'autres prodiguaient ailleurs les manifestes et les harangues.

Les occasions ne manquaient pas à son ardeur. Aux

conspirations et aux procès tragiques des premières
années avaient succédé les émeutes, les échauffourées et les bagarres de carrefours. L'année 1827 fut
particulièrement agitée. Après les obsèques tumultueuses du duc de Larochefoucauld, les funérailles
épiques de Manuel.

Qui se soucie de Manuel, aujourd'hui ?... Il fut
pourtant, pendant plus de dix ans, le héros et l'idole
de la bourgeoisie de Paris. Lorsque, en 1823, il avait
été expulsé de la Chambre des députés, le sergent
citoyen qui refusa de le prendre au corps fut, après
lui, pendant tout un mois, le personnage le plus populaire de France. On vendait chez les libraires le
portrait du « brave Mercier ». Les députés de la Gauche allaient, par groupes, s'inscrire à sa porte... Et,
quant au colonel de Foucault, il est passé tout droit à
la postérité, chargé de ces mots légendaires : « Gendarmes, empoignez Monsieur Manuel ! » Un pareil
homme, qui était à 'a fois un conspirateur prudent
et un orateur redoutable, ne pouvait pas s'en aller en
terre comme un autre. Il se fit beaucoup de tapage à
ses obsèques. Son cercueil fut pris et repris, emporté d'assaut, comme une citadelle. Les étudiants et
les gendarmes en vinrent aux mains ; et tandis qu'en
tête du cortège, les meneurs de cette apothéose déclamaient impunément de violents discours, les traînards de l'arrière-garde se faisaient ramasser par la
police à la porte du cimetière. Un de ces comparses
obscurs s'appelait Chauffard, et Boinvilliers plaida
pour lui. Malheureusement le procès et la plaidoirie
ne firent pas tout le bruit qu'ils auraient pu faire. Les
esprits étaient ailleurs. Il venait de paraître une brochure qui contenait le récit éloquent de cette journée, avec une biographie de Manuel, où l'on parlait de

« son expulsion triomphale », et où l'on ne ménageait ni le gouvernement ni les gendarmes. L'écrivain téméraire fut traduit en justice. C'était un petit journaliste, protégé de Laffitte et de Béranger ; un jeune Provençal à la tête chaude ; élégant et plein d'esprit ; d'une singulière beauté ; à qui rien ne manquait pour « traîner tous les cœurs après soi... » Il s'appelait François Mignet... Mauguin — lui-même — s'était chargé de le défendre ; et son acquittement « triomphal » comme l'avait été l'expulsion de Manuel, fit bien du tort à Chauffard et à son jeune défenseur.

Il est rare qu'un gouvernement attaqué par tant de côtés à la fois demeure jusqu'au bout maître de lui-même. Ayant contre lui presque toute la jeunesse, et, il faut bien le dire, presque toute l'intelligence du pays ; séparé de ses vrais amis par des défiances obstinées ; mal servi par des ministres à courte vue, le pauvre roi crut tout sauver par un acte de vigueur. Mais un coup de tête n'est pas un coup d'Etat, et l'on sait comment celui-ci échoua.

Boinvilliers avait-il prévu et souhaité ces extrémités? Je l'ignore ; mais une fois la lutte engagée, il prit bravement le fusil et fut un des vainqueurs « des trois glorieuses journées » ; peut-être même, comme on l'a dit sans rire, un des aides de camp de Lafayette!... Plus tard, conseiller d'Etat et sénateur de l'Empire, il devait se rappeler quelquefois avec étonnement ce souvenir lointain de sa jeunesse.

Quoi qu'il en soit, à se jeter ainsi dans la bataille, il avait plus à risquer que beaucoup d'autres ; car, si jeune qu'il fût alors, ce bouillant politique était, depuis assez longtemps déjà, le plus aimé des maris et le plus tendre des pères. A peine sorti de ses classes, il s'était épris d'un ardent amour pour une jeune cousine, aussi bonne que belle. Il avait vingt-deux ans lorsqu'il l'épousa, et cette honnête idylle devint l'heureuse histoire de toute leur vie. Jamais affection plus profonde et plus fidèle n'unit deux cœurs plus purs et qui aient mieux mérité leur bonheur.

J'ai lu quelque part que, le 30 juillet 1830, après la victoire, en compagnie de Cavaignac, de Bastide et de quelques autres victorieux, Boinvilliers avait été trouver au Palais-Royal le duc d'Orléans : « Prince, demain vous serez roi... » Et, après cette prophétie à bref délai, le jeune avocat aurait fait subir au prince un interrogatoire hautain sur la façon dont il entendait traiter l'Europe et gouverner la France. C'est Alexandre Dumas qui raconte cette entrevue dans ses Mémoires, et c'est sur la foi de ce grand témoin que M. Louis Blanc a fait entrer cette légende dans son histoire.

Un écrivain moins prévenu aurait pu avoir à cet endroit quelques scrupules. La forme seule de ce monologue surprenant, et la réminiscence shakespearienne qui ouvre la scène, auraient pu le mettre en défiance contre l'imagination merveilleuse du grand conteur. Quelques recherches sommaires sur le caractère du duc d'Orléans et sur celui de son interlocuteur auraient fait le reste. Mais quoi ?... Puisque c'est Alexandre Dumas qui l'a dit, il faut bien le croire. Qui de nous a jamais douté de l'histoire de Monte-Cristo et des aventures des trois Mousquetaires ?...

Dans tous les cas, si M. Boinvilliers fut, ce jour-là, le conseiller très inattendu du nouveau roi, il ne fut, le lendemain, ni son courtisan ni son ministre. Ses opinions, ses relations et ses engagements politiques lui auraient ouvert l'accès des plus hauts emplois. Il

n'en est aucun que n'eussent honoré son caractère et
sa droiture, aucun auquel son mérite ne lui eût donné
le droit de prétendre. Mais il voulut rester avocat.
Dans ce grand barreau que Barthe, Mauguin, Méril-
hou, Berville et Dupin l'aîné venaient de quitter,
mais où grandissaient Philippe Dupin, Chaix d'Est-
Ange, Paillet, Delangle, Marie, Liouville, Jules Favre
et Berryer, il sut se faire dans les premiers rangs une
place; bientôt sa vive intelligence des affaires, son
ardeur au travail et son talent justifièrent la renommée qu'il avait due, d'abord, aux engouements de la
politique et à la faveur d'un parti.

A ses amis d'autrefois, il ne refusa jamais son
dévouement désintéressé ni l'appui secourable de sa
parole. Mais entre eux et lui, il y avait un malen-
tendu que sa loyauté s'est toujours efforcée de faire
disparaître. Bien qu'il fût permis peut-être de s'y
tromper, Boinvilliers n'avait jamais été républicain;
et même au lendemain des événements de 1830, il ne
se sentait aucun goût pour le devenir.

En 1831, il le déclarait hautement aux électeurs de
Joigny, en leur demandant leurs suffrages; et peu de
temps après, il disait, dans un discours où je ne vou-
drais pas voir une prophétie : « La République ne
serait qu'une tentative funeste au profit de l'étranger;
elle conduirait la France à périr dans les misères et
dans les querelles sans nom du Bas-Empire... »

Il n'y avait là, de sa part, ni défection, ni
apostasie, mais le sentiment réfléchi d'un esprit
sincère et d'une âme désintéressée; car, à la royauté
nouvelle, il n'a jamais rien demandé. Il ne paraît pas
que la politique du grand et bon roi Louis-Philippe
ait contenté son patriotisme exigeant, et il ne prêta
jamais à la dynastie de 1830 qu'une déférence rési-

gnée, qui laissait une large place aux boutades de sa querelleuse indépendance.

Capitaine de la garde nationale, il combattait vaillamment les émeutes. Son sabre rentré dans le fourreau, il gourmandait durement le Pouvoir et les ministres.

C'est ainsi que, sans avoir été jamais élu député, il traversa les dix-huit années de ce règne heureux et sage, dans cet état de malaise politique que bien d'autres ont connu, entre un gouvernement qui n'avait pas ses sympathies, et des partis qui n'avaient pas sa confiance.

En 1838, un procès retentissant l'avait mis aux prises avec un rude adversaire.

Le général Bugeaud était un vieux soldat des guerres de l'Empire, un officier intrépide et sagace, un administrateur intègre ; et, dès cette époque, une des figures les plus originales et les plus puissantes de notre temps.

Gouverneur de la citadelle de Blaye pendant que la duchesse de Berry y était détenue ; élu ensuite député dans son pays de Dordogne, il avait été nommé en 1836 au grade de lieutenant-général.

Envoyé aussitôt en Afrique, il avait mené contre Abd-el-Kader une courte et vigoureuse campagne où le grand homme de guerre s'était révélé par les nouveautés les plus hardies et par les plus heureuses entreprises.

L'année suivante, l'Afrique était dans un état des plus critiques. La première expédition de Constantine venait d'échouer, et l'Emir tenait partout la campagne. — Bugeaud fut envoyé dans la province d'Oran, avec une mission mal précisée et des pouvoirs mal définis. Autorisé à négocier sans l'assentiment du gouverneur général, et à combattre sans le concours du commandant de la Province, il n'était, à vrai dire, le supérieur ni le subordonné de personne, et cette situation équivoque suffisait à lui susciter de graves embarras.

Il faut ajouter que ce nouveau venu n'avait ni le commandement aimable ni l'obéissance commode. De grands services, d'éclatants succès n'avaient pas encore popularisé ses défauts ; et sa bonhomie cassante, sa familiarité hautaine, sa franchise intempérante et sa verve gasconne devaient lui faire des ennemis très attentifs aux fautes qu'il pouvait commettre.

Après avoir guerroyé pendant quelques mois, tout à coup, à tort ou à raison, il conclut avec Abd-el-Kader le fameux traité de la Tafna, qui faisait à l'émir des avantages auxquels il semblait lui-même assez loin de s'attendre.

Le général de Brossard commandait alors la province d'Oran ; et un juif véreux l'avait compromis dans un des marchés que l'exécution du traité rendait nécessaire. Bugeaud l'avait sommairement relevé de son commandement et renvoyé en France. Au mois d'août 1838, le général révoqué comparaissait, à Perpignan, devant un conseil de guerre, et il avait chargé Boinvilliers de le défendre.

C'était le rapport du général Bugeaud qui servait de base à l'accusation. C'est contre le général Bugeaud que furent dirigées les représailles de la défense.

Cité comme témoin, il parvint, par la maladresse impétueuse de ses explications, à se donner, dans cette affaire déplaisante, uu rôle fâcheux que personne ne songeait sérieusement à lui prêter.

Il trouva, du moins, dans Boinvilliers. l'adversaire le plus loyal et le plus généreux. A l'audience, comme le pauvre grand soldat s'empêtrait dans des raisonnements obscurs, où sa colère l'empêchait de se reconnaître :

« Le général ne comprend sans doute pas, s'écrie le défenseur, tout ce qu'il y a de faux dans la position qu'il a prise. »

— Ah ça! je ne puis donc pas parler ?

— En continuant ce débat, vous vous placez dans la situation la plus fausse du monde.

« Et comme le Président, éprouvant la même gêne que le défenseur, priait le témoin d'abréger : « Je vous dis que j'aurais déjà fini, répliqua brusquement Bugeaud, si vous ne m'aviez pas interrompu. J'avais bien des choses à dire, mais je me tais, puisque vous m'ôtez la parole. »

A travers les froissements les plus violents et les chocs les plus durs, il y a toujours un point par où de certains caractères très droits et très sincères semblent se toucher entre eux et se reconnaître :

« Le défenseur, s'écriait Bugeaud dans une autre audience, m'a attaqué dans mon honneur, qu'il a si bien défendu chez le général de Brossard. Je demanderai d'être traduit devant un Conseil de guerre, et je ferai choix de M⁰ Boinvilliers pour me défendre, car j'ai admiré son beau talent.... »

Le général de Brossard fut acquitté.

Après la révolution de 1830, M. Boinvilliers était devenu l'avocat de la ville de Paris. C'était le temps où commençaient, par des essais prudents, ces grands travaux qui, plus tard, devaient prendre dans les affaires, et même dans la politique du pays, une large place.

Par une assez piquante rencontre, les adversaires
que l'avocat de la ville trouvait le plus souvent à la
barre étaient de sa famille ou de sa plus proche inti-
mité. C'était Ganneval, le frère de sa chère femme,
—le beau Ganneval,—comme nous disions; un des avocats les plus habiles, un des hommes les plus sédui-
sants et les plus aimables que les gens de mon âge
aient eu pour camarade et aient encore, grâce à Dieu,
pour ami.

C'était Baud, disputeur agile et allègre, plein d'esprit et d'entrain, jouant d'une main alerte, le sourire
sur les lèvres, avec les plus lourdes affaires et les chif-
fres les plus accablants ; toujours debout, toujours en
mouvement ; amusant les jurés de ses intarissables
saillies, harcelant son grand confrère de ses insup-
portables malices.

C'était un spectacle curieux de voir aux prises ces
deux athlètes si différents l'un de l'autre : l'hoplite et
le vélite du barreau. Quand Baud s'arrêtait, se posait
un instant, Boinvilliers se levait gravement. Il plaidait, il discutait, il s'animait, il foudroyait de son
éloquence, il écrasait de sa pitié ce futile adversaire.
Puis, quand il le croyait étourdi par ses coups, il
étendait le bras lentement, comme pour le saisir et
l'achever... Mais l'autre était déjà loin. Il avait repris
son vol et bourdonnait à distance...

Pendant vingt ans, Boinvilliers eut, au Palais, une
clientèle importante qu'il devait à son talent, à son
caractère bienveillant et loyal. Il eut tous les honneurs que l'estime et l'affection de ses confrères lui
pouvaient donner. Elu membre du Conseil de l'Ordre
en 1839, il y siégea pendant treize ans sans interrup-
tion, jusqu'au jour où il quitta le barreau pour se
donner tout entier à la politique.

Un honneur plus grand encore lui était réservé·
Au mois de juillet 1848, il fut élu bâtonnier. Il avait
pour prédécesseur Baroche, et ce fut Gaudry qui lui
succéda. Il m'est resté de cette époque de sa vie un
souvenir qui le fait bien connaître. Un jour, il était
bâtonnier depuis quelques mois seulement, je m'en
allais au Palais la tête basse, le cœur gros, l'esprit
occupé de quelque exorde en souffrance, et portant
sous mon bras deux ou trois minces dossiers, — toute
mon éloquence, toute ma fortune de la saison —. Je
longeais la rue de Choiseul, où demeurait mon grand
confrère ; et, comme je passais devant sa porte, il
montait en voiture. . en fiacre.

« Mon cher camarade, je vous emmène », me dit-il
avec cet air de bonhomie grandiose qui donnait à sa
bienveillance une si originale solennité. — Et après
quelques cérémonies respectueuses, me voilà près de
lui, assis sur le bord de la banquette, et me faisant
plus petit que je n'étais encore. Chemin faisant, je
crus qu'il était de bon goût de le complimenter sur sa
dignité nouvelle. Il m'interrompit aussitôt : « Oui,
bâtonnier... et bien étonné de l'être. Voyez un peu :
je ne suis pas un jurisconsulte, comme Duvergier...
— Oh! Monsieur le bâtonnier!... — Ni un orateur
comme Chaix d'Est-Ange...— Oh! Monsieur le bâtonnier!... — Ni un homme d'affaires comme Liouville...
— Oh! Monsieur le bâtonnier!... — Ni un lettré
comme Duval... — Oh! Monsieur le bâtonnier!... —
Non, non, je me connais bien, allez!... » - Et voilà
mon digne bâtonnier me donnant, l'une après l'autre,
toutes les raisons pour lesquelles il ne le devait pas
être!... — Ces raisons ne valaient rien ; mais je n'en
étais pas moins au supplice. Il ne voulut pas, ou il ne
parut pas s'en apercevoir ; et arrivés dans la salle des

Pas-Perdus, il me quitta en me donnant une de ces grandes poignées de main royales et familières dont j'avais quelquefois souri comme d'autres, mais dont, ce jour-là, je fus touché jusqu'au fond du cœur.

Comme il faut peu de chose pour se faire aimer ! Jamais, depuis quarante ans, je n'ai oublié cette rencontre, cette bienveillance touchante d'un ancien et d'un maître pour un confrère bien obscur; cette modestie expansive dont je n'ai jamais un instant mis en doute la sincérité. De ce jour-là je me suis pris à aimer l'homme lui-même sans que, à mes yeux, le mérite de l'avocat ait souffert de ce qu'il m'avait dit la moindre atteinte.

En se faisant une si petite place parmi les avocats de son temps, l'excellent bâtonnier se trompait. En se comparant à d'autres, il aurait pu, sans trop d'orgueil, se trouver l'émule des plus grands, et l'égal des meilleurs.

Ce qui lui a manqué, peut-être, ça été de ne pas oublier à temps le langage et les modes de sa jeunesse. Chaque époque a son éloquence, et rien ne vieillit aussi vite que l'éloquence des procès. Il avait gardé dans les plis de sa robe quelque reste des somptuosités oratoires de M. de Marchangy, des élégances attardées de Bonnet et d'Hennequin. La parole ne s'ajustait pas toujours assez étroitement à la pensée ; le geste était quelquefois un peu large pour le discours. On y sentait, par endroits, quelques vides.... et sa grande voix creuse faisait parfois l'effet d'un écho dans une caverne.

Léon Duval, — qui n'épargnait personne, — s'est moqué un jour de la *Manche oratoire* de Boinvilliers ; et le mot est resté, avec beaucoup d'autres qui attei-

gnaient les plus illustres. Cette méchanceté pittores-
que ne manquait pas, après tout, de justesse, — et
Boinvilliers lui-même en a dû rire. — Ce qu'il disait
était simple et juste ; mais ce qui ne l'était pas toujours, c'était sa manière de le dire. Il avait une façon
de vous appeler « *mon camarade* », qui mettait entre
vous et lui de prodigieuses distances ; et quand il
serrait la main du plus obscur d'entre nous, on aurait
cru voir un consul romain scellant un traité de paix
avec un barbare.

La Révolution de 1830 avait trouvé Boinvilliers
jeune et ardent, libéral fougueux, montant la garde,
entre Bastide et Recurt, derrière les barricades de
juillet. La Révolution de 1848 le retrouvait mûri par
l'âge, assis au Conseil de l'Ordre des avocats entre
Gaudry et Berryer, et calmé, du côté de la liberté, par
d'amers désenchantements.

Des chimères politiques de sa jeunesse, une seule
était restée, qui allait bien à la tournure épique de son
esprit ; c'était l'idéal naïf et persévérant d'une France
invincible et unie, dominée par un héros, faisant à la
gloire le sacrifice de la liberté, et donnant ses lois, ses
idées et ses mœurs, à l'Europe — pénétrée de recon-
naissance.

C'est bien là le fond généreux d'épopée patriotique
qui se trouve dans ses écrits, dans ses discours, dans
ses manifestes électoraux d'après 1830. Plus claire-
ment encore, dans ses discours de bâtonnat, on voit
passer à travers quelques nuages, et poussées par
d'assez grands souffles d'éloquence, les espérances
prochaines dont l'*idée napoléonienne* berçait alors ses
croyants et ses fidèles.

« L'histoire ne date les révolutions que du jour où elles finissent... », disait-il aux stagiaires de 1848. « Du sein des sociétés ébranlées, surgit une pensée de résistance et de sagesse... »

Puis, cette confession pleine de candeur — que d'autres nous rappellent aujourd'hui — : « Notre jeunesse s'est passée à combattre le pouvoir. Je crois que le temps est venu où les âmes fortes doivent s'occuper de le défendre... »

Et il le croyait si bien que, deux ans après, il saluait le matin du 2 Décembre comme l'aurore un peu froide, mais brillante encore, de l'ère triomphale qu'il avait rêvée.

Deux fois, de 1830 à 1848, Boinvilliers avait sollicité vainement les suffrages des électeurs. En 1849, il fut élu, à une forte majorité, député du département de la Seine à l'Assemblée législative.

Rapporteur de la loi sur la convocation de la haute cour à Versailles et de la loi sur les clubs ; chargé sans cesse de travaux importants dans les grandes commissions de l'Assemblée ; partout il donna la mesure de son caractère conciliant et courageux, de son esprit éclairé, de son jugement droit et sûr.

J'ignore si Boinvilliers prit une part bien active aux manœuvres qui ont préparé le coup d'Etat de Louis Bonaparte. S'il en était ainsi, je ne lui en ferais ni un mérite ni une injure. Nous vivons dans un temps où la morale politique n'a ni lois assurées ni règles certaines. Aux yeux de bien des gens, les crimes et les folies de la veille ont pour excuse les folies et les crimes du lendemain. On peut dire seulement que si, en préparant et en soutenant l'Empire,

Boinvilliers a cru assurer à la France cette grandeur souveraine que son patriotisme avait rêvée, nous avons tous, avec lui, payé chèrement cette erreur.

Au mois de décembre 1851, il fut appelé dans la commission consultative d'où sortit le conseil d'Etat de l'Empire. Conseiller d'Etat bientôt après, plus tard président de trois sections différentes, en 1864, il était nommé sénateur.

Si jamais un homme dût croire au bonheur, c'est Boinvilliers à cette époque de sa vie. Il était arrivé, par son travail et par son mérite à la situation la plus enviable. Les dignités dont il était revêtu remplissaient toute son ambition (1), et sa petite fortune suffisait à ses désirs. Autour de lui, dans un domaine agrandi et fertilisé par ses soins, il voyait se presser une famille nombreuse, où deux générations en pleine jeunesse, en pleine beauté, continuaient la forte lignée de sa patriarchale descendance ; et deux fils dignes de lui se tenaient à ses côtés, comme les compagnons respectueux et vigilants de sa robuste vieillesse.

Dans l'état politique du pays, tout semblait répondre aux espérances de ses jeunes années et aux vœux de toute sa vie. La France, victorieuse et libératrice, prospérait sous un maître dont aucune faute irréparable n'avait encore dérangé la fortune. Rien ne l'empêchait de croire que sa chère patrie était pour longtemps l'arbitre du monde, et que dans le même siè-

---

(1) Grand officier de la Légion d'Honneur. — Membre du Conseil de l'Ordre de la Légion d'Honneur. — Membre du Conseil général du Loiret.

cle, la même race lui avait donné pour souverains deux grands hommes...

Ce beau rêve dura peu, et la guerre de 1870 fut pour lui un terrible réveil. Aux calamités publiques, qu'il ressentit plus que personne, vinrent s'ajouter, année par année, deuil par deuil, tous les malheurs que la providence lui avait pendant si longtemps épargnés.

Un de ses fils n'était pas marié. En 1870, dès le début de l'invasion, et bien qu'il eût passé l'âge où l'on fait la guerre, il s'enrôla comme simple soldat dans l'armée qui défendait les abords de Paris. Il fit son devoir avec une muette intrépidité, sans accepter aucun grade, sans vouloir aucune récompense, sans une défaillance pendant la lutte, sans une plainte après la défaite.

J'ai raconté ailleurs cette histoire (1).

Mais la guerre ne prend pas d'un seul coup tous ses morts. Deux ans après, ce fils bien aimé succombait lentement, auprès de son père, aux fatigues et aux souffrances qu'il avait stoïquement supportées.

Après celui-là, d'autres, et d'autres encore. Après les jeunes filles, les jeunes mères, qu'une admirable tendresse défendait vainement tour à tour ; et au milieu de tous ces deuils, l'aïeul restait debout, témoin invincible et désolé de ces inconsolables tristesses.

Quelques années après la guerre, Boinvilliers revint au Palais. Le stagiaire de 1820, le bâtonnier de 1848 reprit son rang, après les jeunes, sur notre tableau. Il essaya de plaider encore, pour occuper son ennui, pour tromper son chagrin ; sans doute aussi pour obliger d'anciens clients qui se souvenaient de son

____

(1) Discours à l'ouverture des Conférences, 1871.

éloquence, et d'anciens amis qui ne voulaient pas confier à d'autres leurs secrets.

Rien n'est plus triste que ces révoltes inutiles contre le temps, et ces retours tardifs dans un monde qui ne vous connaît plus... où votre visage est oublié, où votre nom, si l'on s'en souvient encore, éveille à peine la curiosité distraite de quelque survivant d'autrefois. Heureux si, en vous entendant nommer au passage, des jeunes gens ne disent pas, sans se retourner : « Je le croyais mort depuis longtemps. »

Je crois bien que j'ai été, au palais, son dernier adversaire. C'était en 1875. Il s'agissait d'un procès de séparation de corps assez bizarre entre deux vieux époux ; et il plaidait pour un de ses contemporains, un septuagénaire comme lui !... Le plaideur ne sut pas attendre la fin de la procédure. Il mourut pendant les vacances ; et Boinvilliers perdit son dernier client, au moment où, peut-être, il allait gagner son dernier procès.

Il avait acheté en 1848, près de la Motte-Beuvron, un domaine que possédait alors son frère. Il s'était attaché avec une sorte de passion compatissante à cette contrée misérable, malsaine, couverte alors de marais et de bruyères. Au temps de ses grandeurs, il avait attiré sur cette terre ingrate l'attention et les faveurs du souverain. Cet avocat laboureur avait, lui aussi, ses utopies agricoles. Celles-là sont moins dangereuses que d'autres. Il obtint du gouvernement de l'argent ; il obtint des routes ; il obtint un canal. A l'entendre, il aurait fini par faire de la Sologne un grenier d'abondance, et de la Motte-Beuvron le chef-lieu d'une petite Beauce.

En attendant, il fut le bienfaiteur et le patriarche de cette pauvre contrée, qui lui rendit en affection et en respect tout le bien qu'il lui avait fait. Son fils Ernest fut, tant qu'il vécut, le maire perpétuel de la Motte. Quant à lui, il était le conseiller général immuable du canton, et le président nécessaire de tous les comices agricoles. Il n'était, à dix lieues alentour, bœuf ou génisse de bonne maison qui ne fût couronné par ses mains, et complimenté par cette voix éloquente.

C'est à cette retraite paisible qu'il est allé demander l'allègement de ses chagrins et l'oubli de ses grandeurs. Jusqu'aux derniers jours de ses quatre-vingt-six ans, il avait conservé les habitudes, les goûts, presque les forces de sa jeunesse. A voir de loin ce grand vieillard maigre et droit, marcheur infatigable, chasseur intrépide, enjamber, le fusil sur l'épaule, les ajoncs et les genêts ; à observer au passage ces traits mélancoliques et sévères, qu'éclairait par instant un rire silencieux, un étranger aurait cru voir le vieux Trappeur de Cooper, profilant sur l'horizon de la prairie sa silhouette imposante. Mais les gens du pays ne s'y trompaient pas, et la figure légendaire du châtelain de Beauval leur était une rencontre toujours bienvenue.

Quand il mourut enfin, presque debout, entouré de tous les siens, en paix avec Dieu, envisageant la mort avec la tranquillité d'une âme accoutumée à penser par delà cette vie, un char de campagne, traîné au milieu d'une foule respectueuse par ses serviteurs et par ses fermiers, le conduisit au cimetière de la commune où il repose entre sa femme et son fils.

Des funérailles rustiques, sans discours, sans fanfares, sans autre maîtrise que les chantres de sa paroisse, sans autre escorte guerrière que les pompiers de son village, tels furent les derniers honneurs rendus à ce personnage consulaire qui avait porté de si hautes dignités sans en concevoir aucun orgueil, qui avait rempli de grands emplois sans jamais songer à sa fortune, et qui, après avoir vu de près les splendeurs, les révolutions et les ruines d'un siècle tout entier, avait achevé dans la solitude et dans le silence une vie fatiguée des vains bruits et des agitations inutiles de ce monde.

Alcan-Lévy, imprimeur de l'Ordre des Avocats.